LES PARTICVLARITEZ

DE LA MORT TRAGIQVE

du Mareschal d'Anchre.

Pour faire la France calmer
Il faut ietter l'Anchre en la mer.

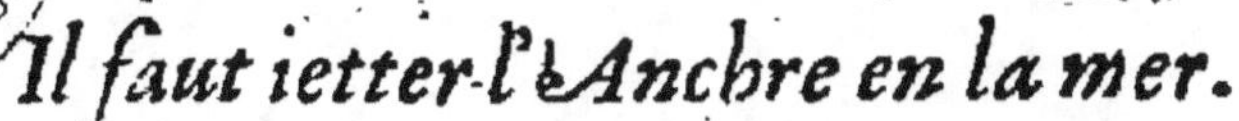

Le Dauphin Royal luy fait teste,
Et courageusement l'arreste.

A LYON,

PAR IEAN IVLLIERON.

M. DC. XVII.

Auec Permission.

LES
PARTICVLARITEZ
SVR LA MORT TRAGIQVE
du Mareschal d'Anchre,

YGRANES de petit deuenu grand & infolent iufques au bout, fut fi orgueilleux que de fe faire fuiure à quatre Roys qu'il tenoit captifs, lefquels il faifoit feruir de laquais luy allant à cheual aux champs: Cela eft le miroir, & vanité de l'homme qui s'oublie incontinent, & ne ceffe de s'enfler en fa profperité iufques à ce qu'il creue de foy-mefme. L'orgueilleux n'a fin ne mefure en fes infolences, ains foule aux pieds toutes chofes, ne faifant conte que de fon ambition. Quand l'orgueil marche, & que les hommes oublient leur condition, leur honte s'approche, & la mort ne leur donne toufiours loifir de penfer & confeffer qu'ils valent moins que rien. Il ne faut qu'vn orgueilleux pour renuerfer tout le bon ordre

& l'appuy d'vn Eſtat, à fin de ſatisfaire à la
mauuaiſe volonté qu'il aura conceuë contre
vn particulier. La vaine gloire eſt vn aiguil-
lon qui chatouille viuement le cœur, & qui
le deſchire finalement. La ſaincte Eſcriture
en donne pluſieurs exemples: entre autres,
l'orgueil pouſſa Architophel à faire qu'Abſa-
lon prinſt les armes contre Dauid ſon Pere,
qui voyant que ſes menees n'eſtoyent venuës
à effect, ſe pendit de deſeſpoir; & l'orgueilleux Aman eſlepé par le Roy Aſſuerus aux
plus ſublimes dignitez de ſon Royaume fut
en fin pendu au meſme gibet qu'il auoit fait
eſleuer pour le petit Mardochee, & par ce
moyen le peuple de Dieu fut deliuré de ſa
maudite entrepriſe. Le baſton duquel Dieu
ſe ſert pour abatre l'orgueil des ſuperbes &
ambitieux ſe prend en eux meſmes. Si la te-
merité eſt par fois heureuſe, elle n'eſt iamais
ſage, pource qu'elle n'abandonne point ſon
eſclaue qu'elle ne luy aye fait prendre vn ſaut
mortel. L'auarice & l'orgueil firent que The-
miſtocles & Demoſthenes ſe tuerent eux
meſmes, l'vn ſe approche, & l'autre ſ'eſtant
Qu'eſt-ce de toute la gloire humaine ſi
nou vne ombre legere, & vn triomphe de
trois iours enuironné de dueil deuant & der-
riere?

riere ? Elle eſt à bõ droict comparee à vn chariot de terre cuitte qui n'a ceſſé de rouler
iuſques à ce qu'il ſe ſoit arreſté, ahurté, & caſ-
ſé de ſoy-meſme. Plus on eſt haut, plus doit-
on craindre & redouter la cheute.

Les roturiers & gens de baſſe condition
montez és grands honneurs & hauts Eſtats,
oublient bien ſouuent leur premiere condition, s'eſleuent fierement, taſchent d'abatre
les autres, & finiſſent mal-heureuſement. La
Sapience diuine ſe laſſe en fin de ſupporter
ceux qui prennent plaiſir à abuſer outrageu-
ſement de leur proſperité, & ne ceſſe de les
pourſuiure iuſques à ce qu'elle les aye ater-
rez. Si l'homme pouuoit ſuiure le bon-heur
quand il ſe preſente, ſa condition ſeroit lon-
guement heureuſe: mais à la moindre occa-
ſion il quitte ſon auantage pour courre à ſon
mal-heur.

C'eſt de ce miſerable Mareſchal d'Anchre
qu'on peut dire toutes ces choſes. A bõ droict
ie le peux appeller miſerable puis qu'il a cau-
ſé tant de mal-heurs en France. Pleuſt à Dieu
que le ventre de ſa mere euſt eſté ſon tum-
beau, ou qu'il euſt paſſé le reſte de ſes iours
en ſa patrie ſans nous cauſer tant de mal-
heurs! Il deuoit au moins quand il vint à

Lyon en l'année 1578. aagé enuirõ de quin-
ze ans, continuer la fortune qu'il y commen-
çoit d'establir se rendant seruiteur chez des
Banquiers, & ne retourner dans Florence,
pour apres venir accompagner la Royne en
France, & espouser vne de ses Damoiselles.
Il se deuoit contenter du tiltre de Marquis,
sans estre ambitieux de posseder vne charge
que son incapacité & la bassesse de son origi-
gine luy denioit.

Voilà le Mareschal d'Anchre proche de
faire naufrage au port où il auoit anchré sa
nef, & les charmantes Syrenes endorment
son outrecuidee presomption. En l'Orient
de ses felicitez l'Occident de ses malheurs
approche. Il se croit vn Ioseph triomphant en
Egypte sur le chariot de Pharaon : Il sille ses
paupieres à tous les accidens, & se promet
que son pouuoir, les faueurs, l'or & l'argent
le feront redouter & l'affranchiront de la
mort.

Il ne manque d'artifices pour en auoir, il
surpasse le Renard en toutes sortes de subti-
litez, & feint ignorer qu'il n'y a point de plus
grande finesse que d'estre homme de bien.
Il veut vsurper l'authorité Royale, & ne peut
sçauoir, Que les Roys doiuent estre grande-
ment

ment refpectez à caufe du rang qu'ils tien-
nent, lequel auffi ils font tenus garder impol-
lu, en aimans pieté & iuftice, & ayans pour
leur plus riche threfor de bons & fideles feruiteurs.

Pour fomenter fes mauuaifes intentions,
fa femme fe fert du pouuoir qu'elle s'eftoit
dés long téps acquis fur l'efprit de la Royne;
ils difpofent des principaux affaires d'Eftat
à leur volonté, & moyennent que les ancieus
Officiers de la Courône quittent leurs charges pour les remettre à ceux qu'ils croyent
complices de leurs pernicieux deffeins.

Ils ont mefprifé les falutaires Confeils des
anciens Officiers; de ceux (dis-ie) qui ont
ferui cinq ou fix de nos Roys, & que l'on n'a
peu corrompre par or ny argent, & ont taf-
ché de bouleuerfer le bõ-heur de ceft Eftat,
qui confifte à eftre confeillé fidelement par
des hommes de bien & de valeur; & encores
vn plus grand heur de fuiure leurs bons confeils. Les Eftats font bien gouuernez où les
Princes font bien confeillez.

Pour s'entremettre dignement des affaires d'Eftat, il faut de bonne heure tourner
fes penfees à cela, & l'apprendre foingneufe-
ment de ceux qui y font entendus : à faire
de

de quoy les ieunes estourdis, les ignorans, &
ceux qu'vne mal reglee faueur pousse, sont
cause en peu de temps d'horribles & irreme-
diables desordres.

L'asseurance du Prince est l'amour des vassaux,
La Iustice son fort contre tous les assaux,
Foibles sont sans cela les fortes citadelles.
L'amour de ses vassaux se gaigne en les aimant,
Il monstre les aimer en ne les opprimant,
Et ne les opprimer est les rendre fidelles.

Le Mareschal d'Anchre a fait côme ceux
qui veulent entrer au parc des brebis, les-
quels en font premierement chasser les chiês:
Aussi ceux qui cerchent la ruine d'vn Estat
s'efforcent de faire chasser les hommes ver-
tueux, sages, & vaillans: car l'vn des plus
grands heurs d'vn Royaume est d'y auoir de
fideles Conseillers, & gens d'honneur.

C'est ce qui accourage les subiets d'aider
& contribuer volontairement aux frais ne-
cessaires à la conseruation d'vn Royaume,
lors qu'ils voyent les gens sages & aimans l'e-
quité en estre les administrateurs: car quand
les pillars & meschans y mettent la main, &
qu'on baille au larron la bourse, le Roy &
son estat pour florissant qu'il puisse estre,
tombe en vn abysme de confusions, d'où il

est

est mal-aisé de le retirer apres. O que c'est
chose rare de voir les deniers publics bien
administrez!

Voicy en fin le catastrophe de la Tragedie
de nostre Mareschal d'Anchre, qui fournit
d'ancre à ma plume pour descrire son mal-
heur. Il croit estre au sommet de la roüe in-
constante de la vie mondaine, mais on le
verra bien tost abas: il fait le pain & côpagnon
auec les plus grands, & se mescognoist. On
ne voit autre par les rues de Paris, que courre
son carrosse attellé de six cheuaux, & suiui de
ses pensionnaires qu'il osoit nommer, *Ceroni
de mille franchi*: l'authorité, la force & l'argent flechissent presques tout sous luy. Les
rues fremissent, & les maisons sont esbraulees
quand le train de ce lasche Palladin passe. Il
croit sa fortune si asseuree, & ses entreprises
auoir vn base si certain qu'elles ne peuuent
bouleuerser. Ce qu'il ne peut subiuguement ga-
gner, les thresors du Roy l'acquierent. Les
Benefices, Offices, & principales Dignitez
du Royaume sont sous son pouuoir: on ne
delibere, ny on ne conclud rien au Conseil
qu'il n'y donne son particulier consentemét:
& mesmes les Graces des criminels dependét
en partie de son pouuoir. Sa Majesté voit tous

ſes inſolens déportemens, & diſſimule atten-
dant le temps opportun pour en tirer raiſon.

Titan orgueilleux qui voulus grimper iuſques aux Cieux pour dethroner Iupin : comme Icare tu guindas ton vol trop haut, &
faute de ſuiure la moyenne voye, le Soleil a
fondu tes aiſles artificielles, & ta precipité
dans le goulphe de ton inſatiable ambition.
Temeraire Phaëton tu deuois tenir roides les
renes de ton orgueil, & retenir les eſperons
qui cauſerent ton precipice. Voicy Vulcan
qui forge des armes pour refrener tõ audace.

Il ſe promet le maniement de l'Eſtat François pendant qu'il viſite ſon Gouuernement:
mais il eſt bien loin de conte : lors qu'il aſſeu-
re ſa felicité au periode de ſa gloire, & qu'elle eſt arreſtee au deſſus de la roüe des gran-
deurs humaines, c'eſt lors que ſon malheur
le precipite en ſon indiſcretion. Il eſt bien fol
de vouloir faire teſte à celuy qui la luy peut
rompre aiſément.

Pendant ce voyage (auquel on croit qu'il
veut faire quelque ſejour) ſon abſence occa-
ſionne quelques notables Perſonnages tant
de Paris, que d'ailleurs, leſquels zelez & affi-
dez au bien de ce Royaume remonſtrent à la
Royne, & aux Miniſtres que le Mareſchal
d'Anchre

d'Anchre & fa femme auoient eftablis pour manier ceft Eftat à leur volonté ; Qu'il eftoit tres-neceffaire que fa Majefté agift promptement & à bon efcient en l'adminiftration de fes affaires, autrement que fon Royaume fe foufleuoit de toutes parts, & ne pouuoit euiter vne totale ruine.

Ses partifans l'aduertiffent de ce qui fe practique contre fes mauuaifes intentions, & l'autorité qu'il fe veut donner fur ceft Eftat. Il reuient en toute diligence, non pour confirmer les falutaires confeils qui auoient efté donnez au Roy ; ains pour les eftouffer par fes induftrieux artifices, & s'eftoit refolu d'en empefcher entierement les effects par des confeils que fa Majefté aime mieux taire que publier.

Sadite Majefté recognoiffant le peril de fa perfonne (quoy que les Rois n'entendent ordinairement que bien tard l'eftat de leurs affaires) & voyant que prefque tous fes subjects & bons feruiteurs auoient à bon droict en haine le gouuernement de ces gens là ; & voulant éuiter l'embrafement & perte de fon Royaume par vn prompt remede, ayant receu le confeil que Dieu feul infpire au cœur des Rois en telles occafions ; Elle fe refout de

s'asseurer de la personne dudit Mareschal
d'Anchre, & donne charge à Monsieur de
Vitry Capitaine de ses gardes de l'arrester
dans son chasteau du Louure, lequel comme
vaillant & experimenté se haste lentement, se
resout sagement, & execute hardiment pour
effectuer heureusement le commandement
qui luy auoit esté faict.

Voicy ce Mareschal qui veut derechef
ancrer son orgueilleuse nef dans ce Palais
Royal, se promettant d'estre fait Duc & Pair
de France. Il est enyuré de son ambition, il
voit sa mort sans la pouuoir euiter : son sang
corrompu est priué des augures qui arriuent
souuent aux Princes & aux Grands auant
leur trespas. Il fait le brauache, comme le
Paon, il se mire en ses plumes. Vingt cinq ou
trente de ses gens passent le pont leuis du
Louure: il suit, & le reste de la troupe demeure enfermée dehors: & le voilà entre les deux
portes.

Le voicy qui n'attend rien moins que la
mort, & cependant elle loge dans son sein.
Voila ce brauache sans valeur, qui la defiant
est en fin par elle vaincu. Il ignore que la fin
tragique de Crassus representée par ieu & ri-
sée en vne farce, fut depuis iouée par Sureva:

cela luy deuoit apprendre de ne s'enyurer de
fa prosperité.

Le voicy il veut entrer dans le Louure,
Monsieur de Vitry l'arreste, entre les deux
portes du Pont leuis, le touche sur l'espaule, &
le fait prisonnier de par le Roy. Il trouue
estrange ce soudain commandement, & veut
auec quelques vns des siens faire resistance:
mais c'est en vain, il est prins aux ceps, & auāt
que d'auoir prononcé trois paroles, il receut
quelques coups de pistolets en la teste, & fut
transperce d'vn coup d'espee par vn Gentil-
homme. Ceux qui le suiuoient voyans qu'il
n'y auoit pas du bon pour eux, eschappent du
mieux qu'ils peuuent.

Sa Majesté aduertie de la mort du Maref-
chal, fait arrester sa femme, son fils, & ses Ministres, & supplie sa Dame & mere de trouuer
bon que desormais il prenne en main le gouuernement de son Estat, à fin d'essayer à la re-
leuer de l'extremité où leurs mauuais con-
seils, dont elle s'est serui, l'alloient precipiter.

Le peuple de Paris oyant ces bonnes nouuelles accourt de toutes parts au Louure
pour voir ce brauache estendu mort sur la
place, loüant ceste heureuse execution; &
voyant sa Majesté victorieuse ne cesse de

crier d'vne voix pleine d'applaudiſſemens. &
d'allegreſſe, *Viue le Roy, Viue le Roy, Viue le Roy.*
On rend vn milion de graces à Dieu ; on ne
voit que feux de ioye allumez de toutes
parts : on chante d'vne commune voix,

Ce n'eſt point vn mortel qui ce bel œuure a fait,
C'eſt la puiſſante main du grand Darde-tonnerre,
Qui ſage regiſſant ce que le Ciel enſerre,
En faueur de la France vn bel œuure a parfait.

Quelques vns portez d'vne affection extra-
ordinaire voyant ſon ſang reſpandu ſur la place, & ruiſſeller encores de ſes playes, l'vn y
trempe ſon mouchoir, l'autre du papier, non
porté d'affection, ny pour faire vne relique
de ce ſang corrompu, ains en deſdain : meſmes pluſieurs eſcriuans à leurs amis, pour dó-
ner aſſeuré teſmoignage que la bouteille de
ceſt Ancre eſtoit reſpandue, ils ont enuoyé
du papier, ou du linge maculé de ceſte odieu-
ſe liqueur, auec ceſte inſcription,

Tarot, Guichaumont & Boyer
Meritent vn tres-grand loyer.

La puanteur de ce corps mort demande
ſepulture apres auoir eſté gardé quelque téps
en la chambre du Conſeil : on ordonne en
fin qu'il ſoit enſeueli ; ce qu'eſtant effectué, le
peuple embraſé de courroux ſe reſſent à bon
droict

droiⓧ des ruines que ceſt ambitieux à cau-
ſees à la France , ne veut ſouffrir que la terre
luy ſerue de ſepulture, ains arrache ſon corps
mort de ſes entrailles, le traine ignominieu-
ſement : l'vn coupe vn lopin de ſa chair,
l'autre luy coupe vne aureille , l'autre le nez,
vn autre vient qui luy coupe vn doigt, l'autre
les parties que la diſcretion ne me permet de
nommer. Non content de l'auoir trainé par
les ruës , deſirant marquer à la poſterité les
effects de ſon courroux en le rẽdant à iamais
odieux, il commande au bourreau de le pendre par les pieds, & à faute de ce faire il le me-
nace de le pendre luy-meſme par le col. Il
eſt en fin contraint de ſubir au vouloir de ce
peuple eſmeu. Le voila pendu par les pieds,
on recommence à le deſchirer, l'vn auale vn
bras l'autre à force de coups coupe la corde
où il eſt attaché : & ſon corps bien qu'il ſoit
tumbé du gibet eſt derechef trainé par les
ruës : on queſte d'argent pour le reduire en
cendre : chacun en donne à l'enuy : on en
trouue de reſte pour dreſſer le bucher. Finalement on le met deſſus , on allume le feu, lequel conſommé , les cendres ſont iettees au
vent. A bon droiⓧ nous pouuons dire eſtans
deliurez de ceſte noire Harpie,

L'Ouurier

L'Ouurier de tous ouuriers à nul autre imitable,
Se sert de tous outils à chose profitable:
L'homme n'est qu'vn ressort meu par ce grand mo-
uteur:
Et s'il y a du mal il n'en est pas l'autheur.

Ha chetif Mareschal d'Anchre, aueugle
en ton ambition, & en fin precipité au milieu
de ton orgueil: tu deuois preuoir & pouruoir
à ton desastre, & presentir comme ton frere
qu'il ne faisoit pas bon en France pour toy;
que tous les bons subiets du Roy t'estoient
ennemis. Ton Hostel pillé & saccagé au
faux-bourg Sainct Germain, partie descou-
uert & desmoli: ce débris te deuoit enseigner
(si tu eusses eu vne once d'esprit) que les Pari-
siens te haïssoient. L'injuste coyonnerie que
tu fis à ce Cordonnier de Paris n'estoit encores oubliée: mais quoy? n'estant qu'vn Pig-
mée, & voulant attaquer Polypheme, comme vn foible Acys il t'a escrasé sous le pesant
faix d'vn rocher.

Si côme le mauuais riche voyoit du fonds
des enfers les actions de ses freres qui esto-
yent encores en ce monde: ô quelles transes
te doiuent saisir voyant ta Megere de femme serree de pres, ton fils, ton Barbin, qui attend qu'on luy donne sur sa barbe: se voyant

perdu

perdus est voulu pendre soy-mesme, & quelques autres de tes ministres prisonniers, & les
finances que tes gluantes mains ont pico-
ré au Thresor saisies & recherchees de tous
costez : & outre plus que tout ce que tu te
donnois retourne en sa premiere source, &
que ta posterité demeure taree d'ignominie.

Si les inopinees deliurances apportent vne
ioye excessiue, quel Pæan d'allegresse doiuét
maintenant chanter les François au Tout-
puissant ? Quel contentement reçoiuent nos
voisins & alliez, & generalement toute la
Chrestienté oyant de si bonnes nouuelles ?

La France qui se voyoit remise en l'extremité des guerres ciuiles, dont Henry le Grād
(d'heureuse memoire) l'auoit deliuree, est
maintenāt liberee par la Mort du Mareschal
d'Anchre. Les Princes & autres grands Seigneurs, qui à son occasion auoient absenté la
Court, viennét iournellement rendre l'hom-
mage & le deuoir qu'ils doiuent à sa Majesté,
laquelle les reçoit auec mille sortes d'ac-
cueils: les villes assiegees, celles qui attendoient
le Siege, & le plat païs, qui n'esperoit que sa
totale ruine se representant la perte des Pro-
uinces des-ja rauagees, s'asseurent maintenant d'vne Paix perdurable lie[...] [illegible]

O clemence infinie, au milieu des combats
Dieu nous donne la PAIX *que nous n'esperiõs pas,*
Et destourne le mal que nous prenions à force:
Mais ce qui rend encor admirable sa main,
Est que lors que ce mal plus asprement s'efforce
A ce mal incurable, elle en guarit soudain.

Que nous pouuent promettre les guerres ciuiles, (lesquelles à nostre dommage nous auons trop souuent esprouuees) sinon l'extreme malheur des peuples ? Elles sont souuent couuertes du manteau de la conscience, ou du bien public, & cependant tous droicts diuins & humains sont abolis. Ce qu'on escrit des victoires obtenuës aux guerres ciuiles sont marquees autant honteuses pour les vainqueurs que pour les vaincus.

Or maintenant puis que le Roy a pris en main le gouuernement de son Royaume; que les mauuais Conseilliers n'y ont plus d'authorité; que Messeigneurs les Princes & autres grands Seigneurs sont restablis en leurs charges & dignitez; que le pauure pleuple sera deschargé des daces & imposts qui luy ont esté extraordinairement imposez; que la Iustice sera esgalement & equitablement administree, en retranchant, *fauor y dineros;* que ce grand Soleil brillant en pieté Mr du Vair,

eſt

est restabli en sa charge, & que Messieurs de
Ville-Roy, & le President Ianin, comme co-
lonnes du soustien de l'estat ont repris leurs
dignitez, ô France que tu dois esperer, de
bien ! que tu attens de felicitez voyant ces
Astres brillans esclairer sur ton orizon. Tu
peux à bon droict dire d'eux,

> *Du Vair, Ianin, & Villeroy*
> *Fideles à l'Estat du Roy,*
> *Par leur Conseil prudent & sage*
> *Le retireront du naufrage.*

Nous finirons par cette Prosopopee que la
terre fait aux cendres du Mareschal d'Ancre, n'ayant voulu garder son corps dans son
sein, de crainte que passant plus outre il n'al-
last attaquer Pluton & Proserpine dans les
enfers, s'efforçant d'vsuper leur authorité &
puissance par son extreme ambition.

Il ne faut pas maçon que maintenant tu tailles
> *Vn marbre pour couurir de Conchini le corps:*
> *Car ie le veux vomir du fôds de mes entrailles,*
> *Et le rendre aux viuans pour se venger des*
> *morts.*

Ie l'ay ietté dehors, seroit-il raisonnable
> *Que luy qui vint troubler ma paix & mõ repos*
> *Reposast honoré d'vn tumbeau venerable*
> *Dans mon sacré giron fait butin de ses os?*

Ces Coloſſes viuans qui iadis entaſſerent
   Les monts pour aux grands Dieux le Ciel fai-
   re quitter ;
   Auecques leurs rochers à la fin renuerſerent
   Eſprouuans ſur leurs chefs l'ire de Iupiter.
Ainſi chetif eſprit, ie veux bien que ta cendre
   Soit eſparſe ſur moy pour touſiours teſmoigner,
   Qu'eſtant bien-toſt monté, toſt on te vit deſ-
   cendre,
   Et que ſur les François tu n'as rien peu ga-
   gner.

QVATRAIN.

La bouteille à l'Anchre eſt verſee,
  En France on n'en eſcrira plus :
  S'elle euſt eſté pluſtoſt caſſee,
  Elle n'euſt cauſe tant d'abus.

A LA FRANCE
pour le bien de la Paix.

SONNET.

France ja trop long temps de tenebres couuerte,
Sors renaiſſante, ſors des encombres guerriers:
Tes funebres Cypres ſe changent en Lauriers,
En throne ton cercueil, ton dueil en robe verte.

Ceres vient habiter ta campagne deſerte,
Bacchus tous tes coſtaux, Pomone tes vergers,
Diane tes foreſts, Pan auec tes bergers
Nous marquent de la Paix la porte toute ouuerte.

Cet Ancre qui ſouloit noircir les Lys François,
Et qui verſoit ſon noir deſſus les bonnes Loix,
Eſt ores reſpandu, la bouteille eſt caſſee.

Il eſtoit bien raiſon pour calmer tant de maux,
Finir tant de malheurs, terminer tant d'aſſaux,
Qu'il verſaſt par les coups de piſtole & d'eſpee.

L. G.

Scopus vitæ Chriſtus.